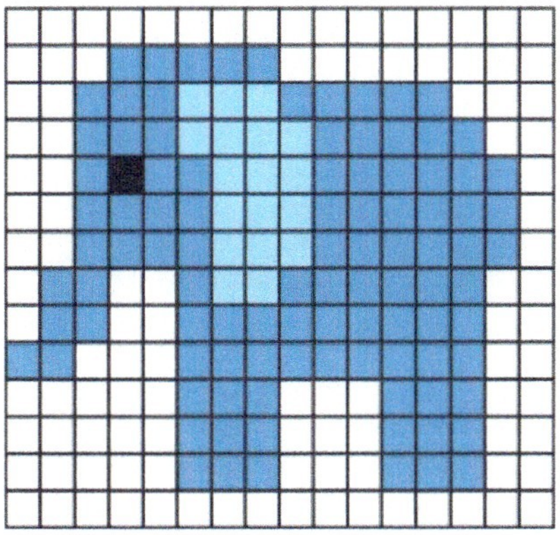

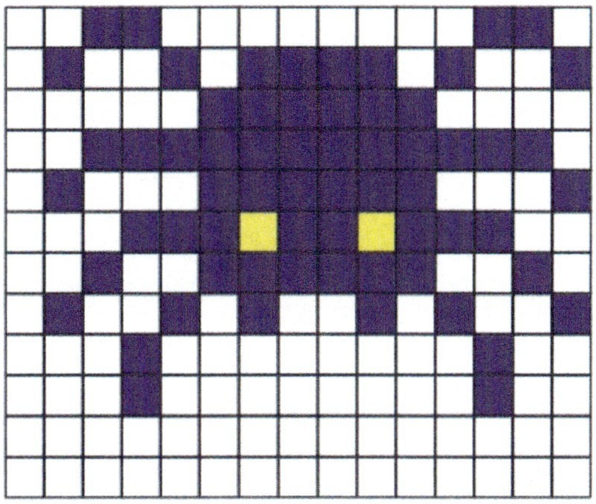

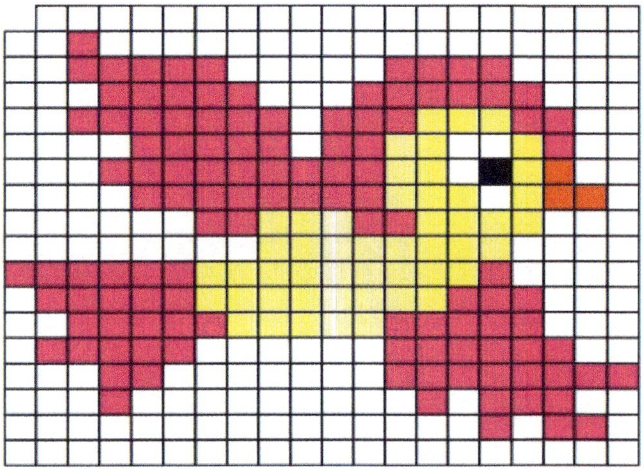

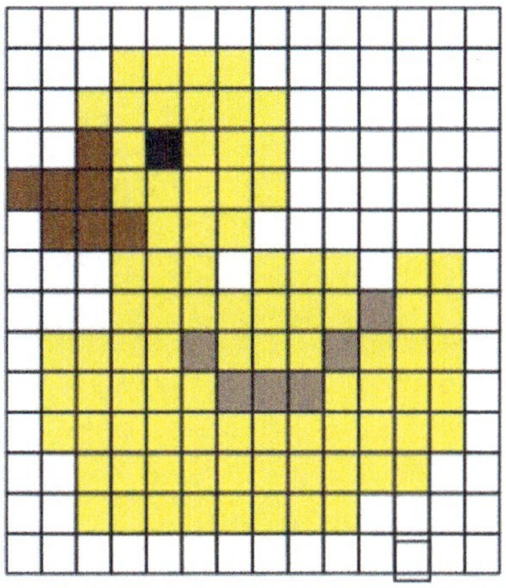

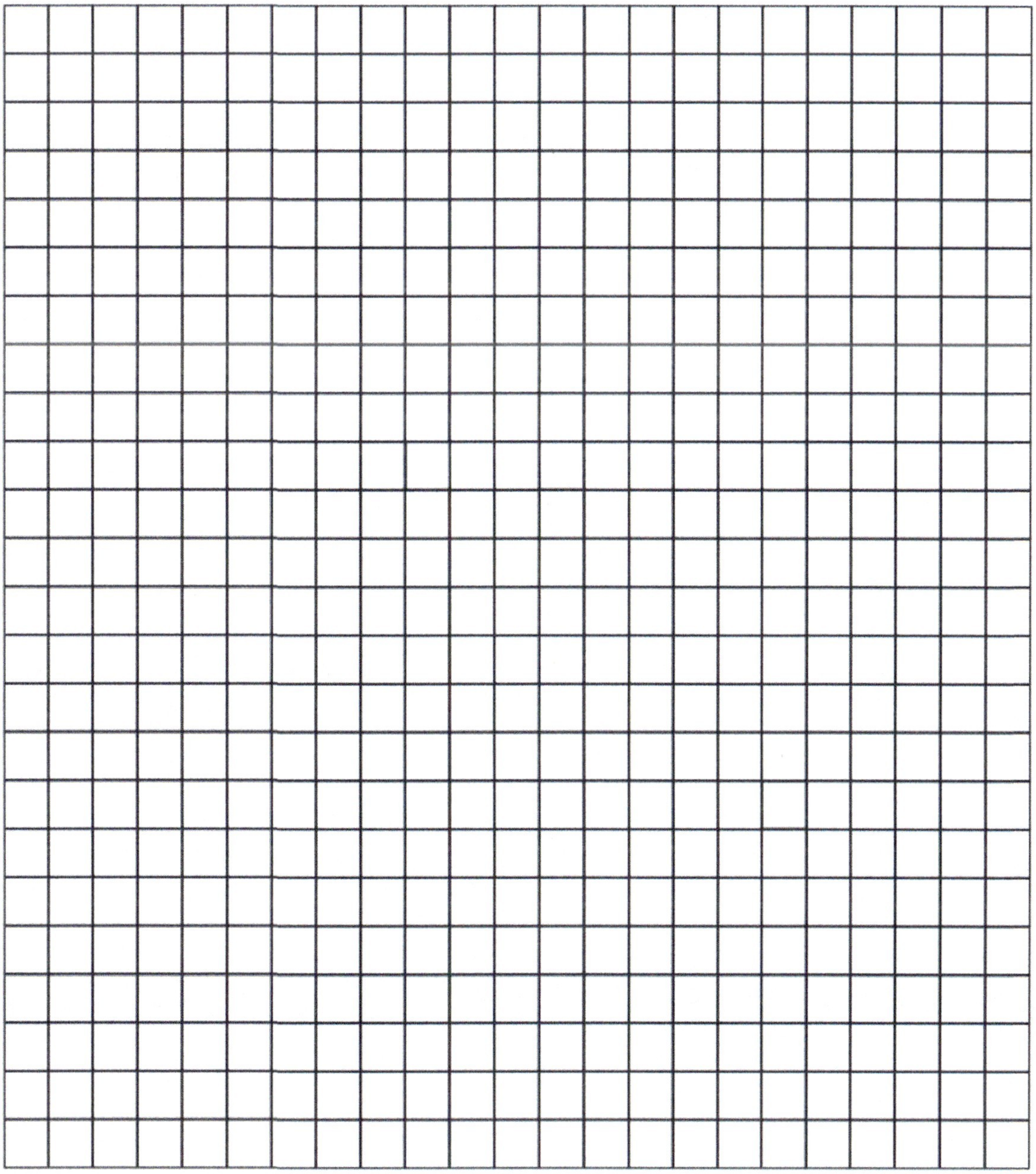

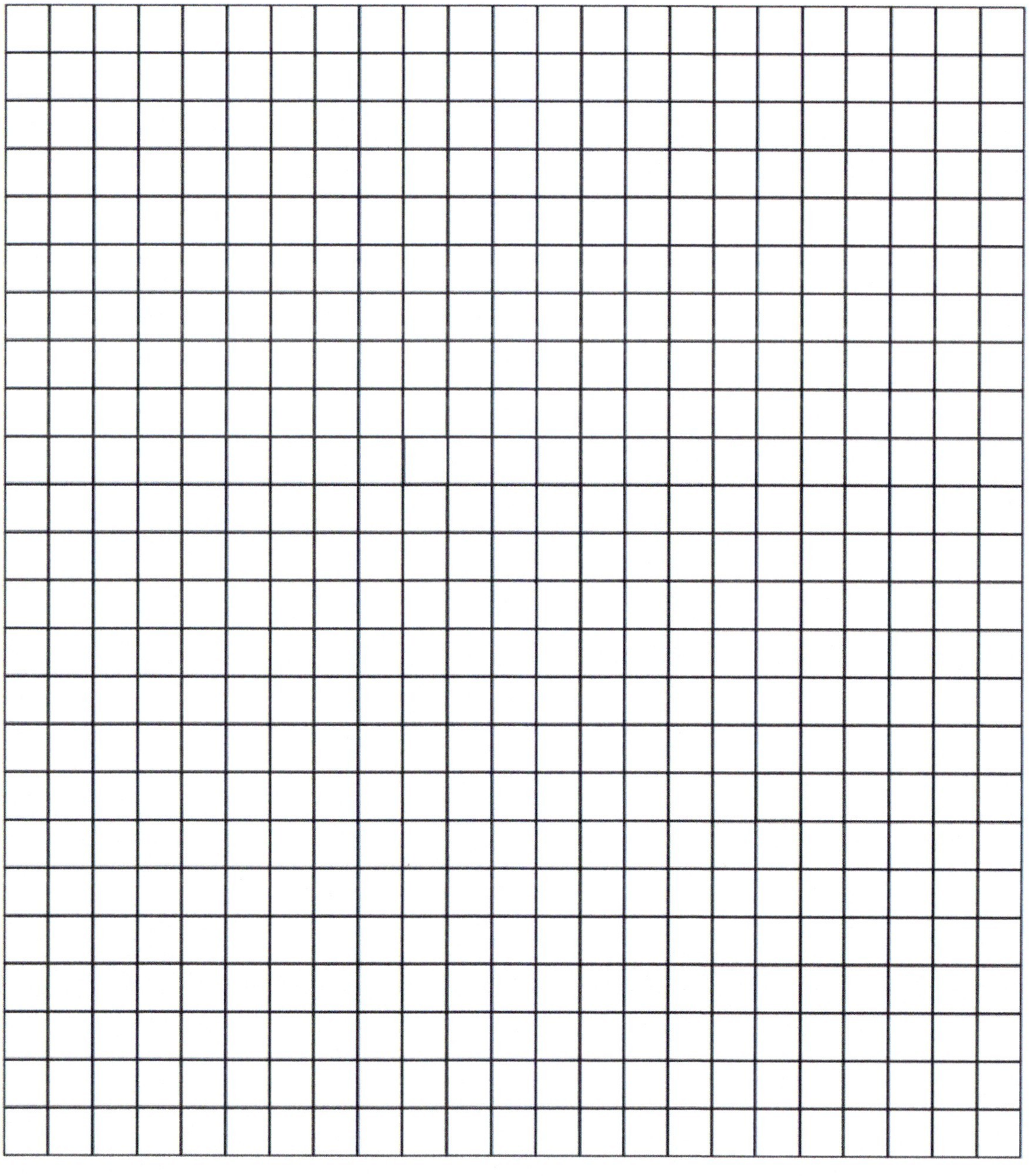

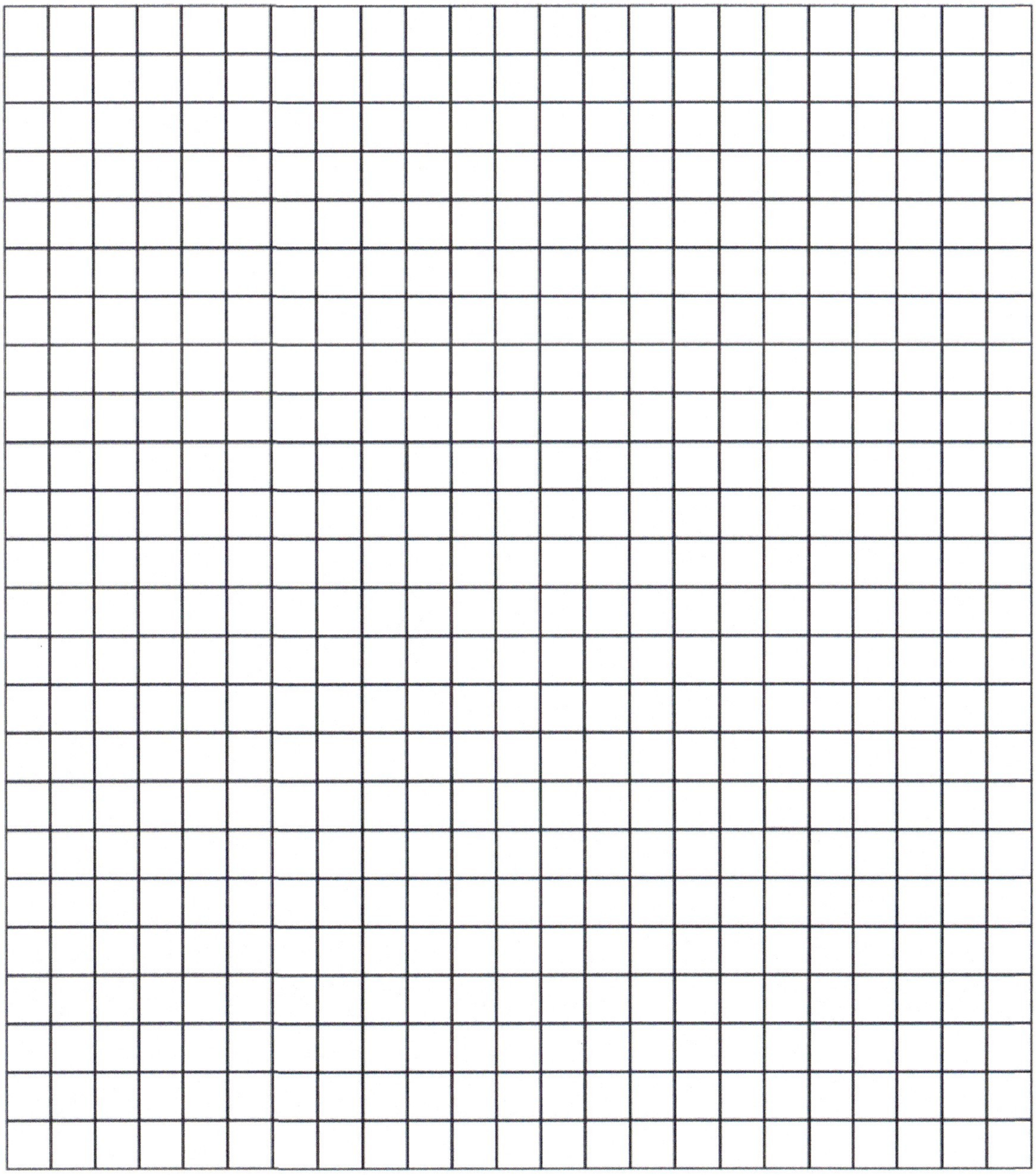

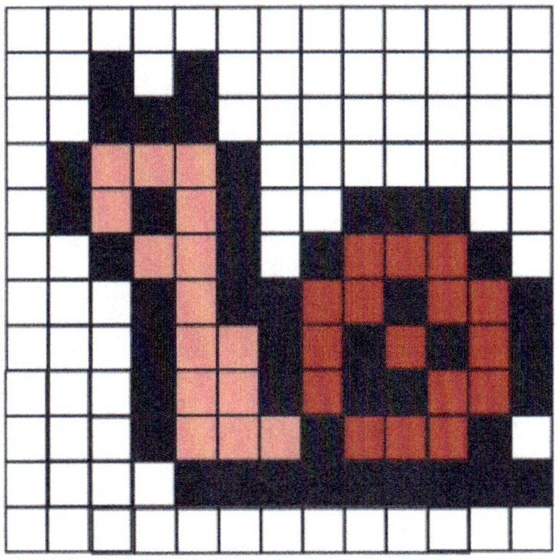

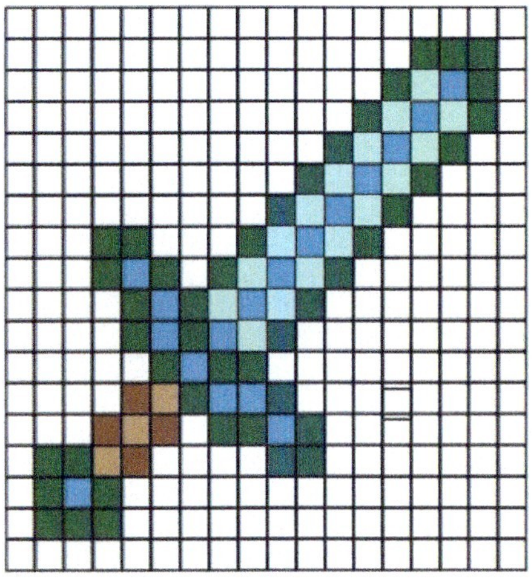

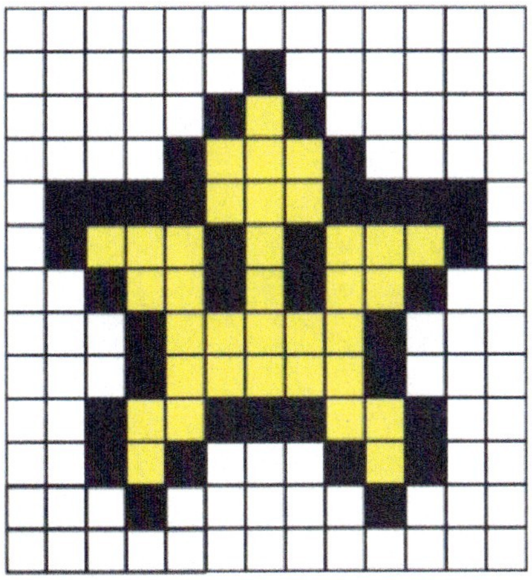

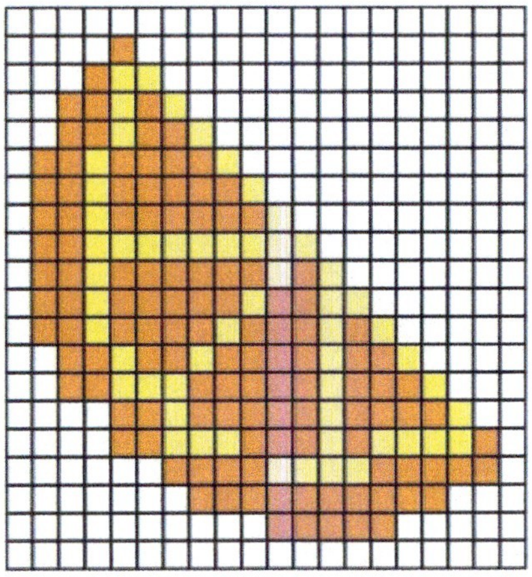

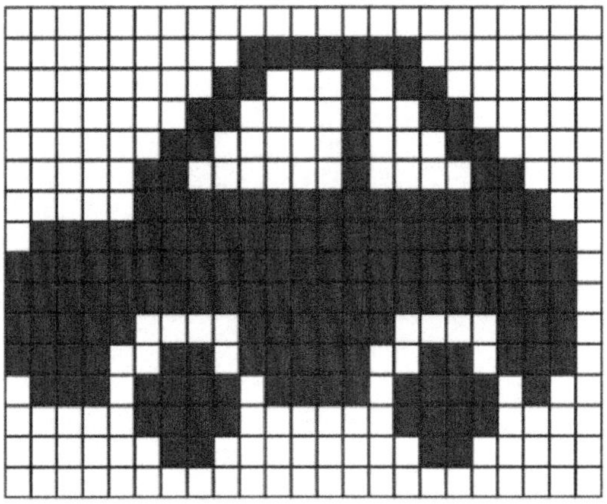

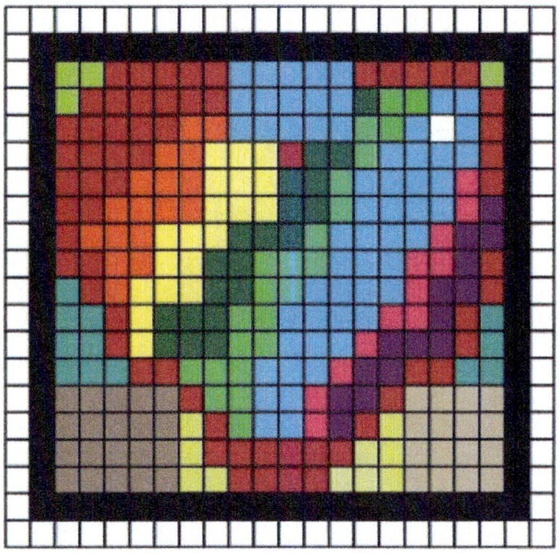

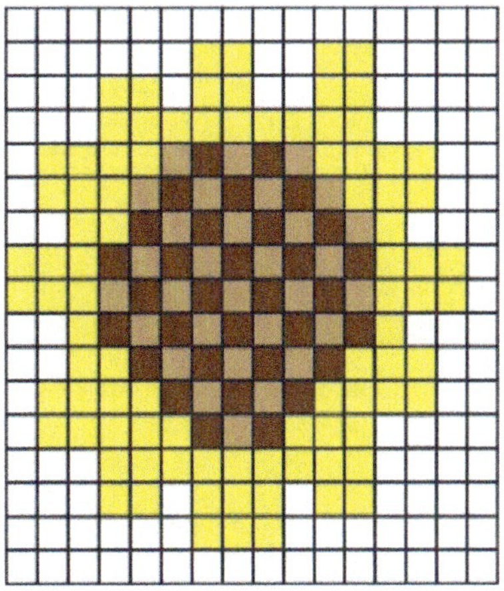

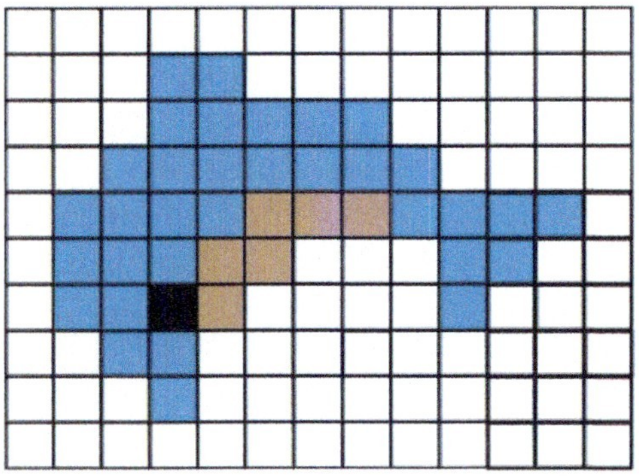

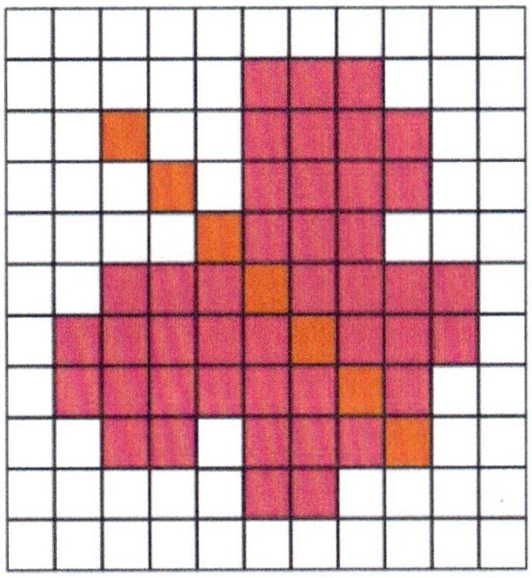

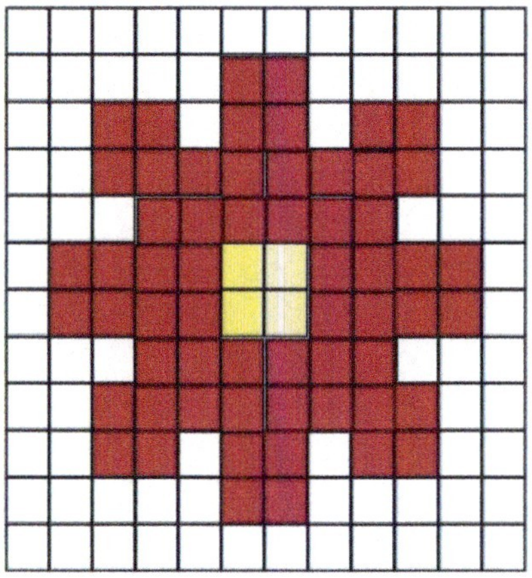

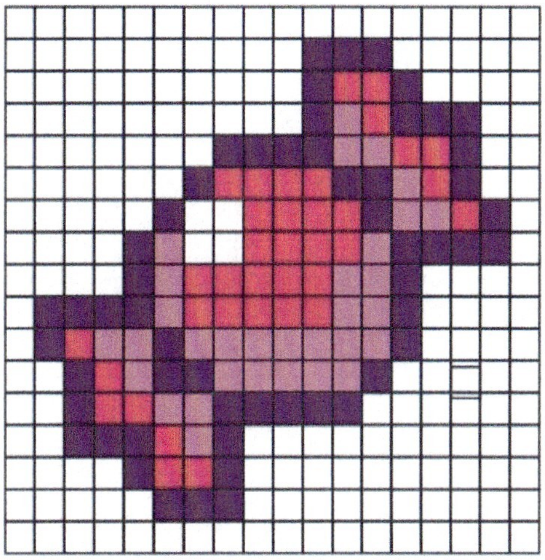

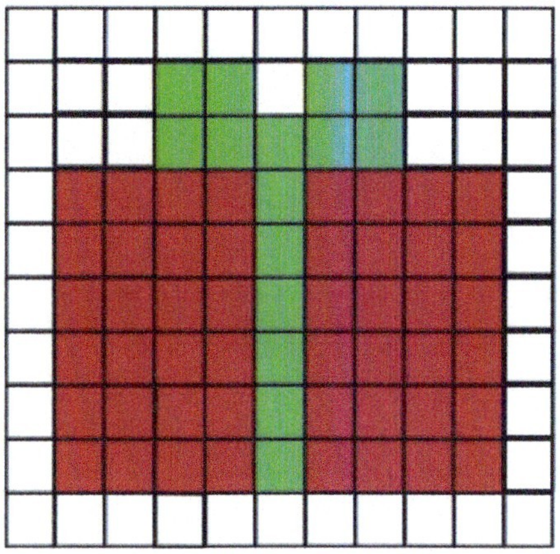

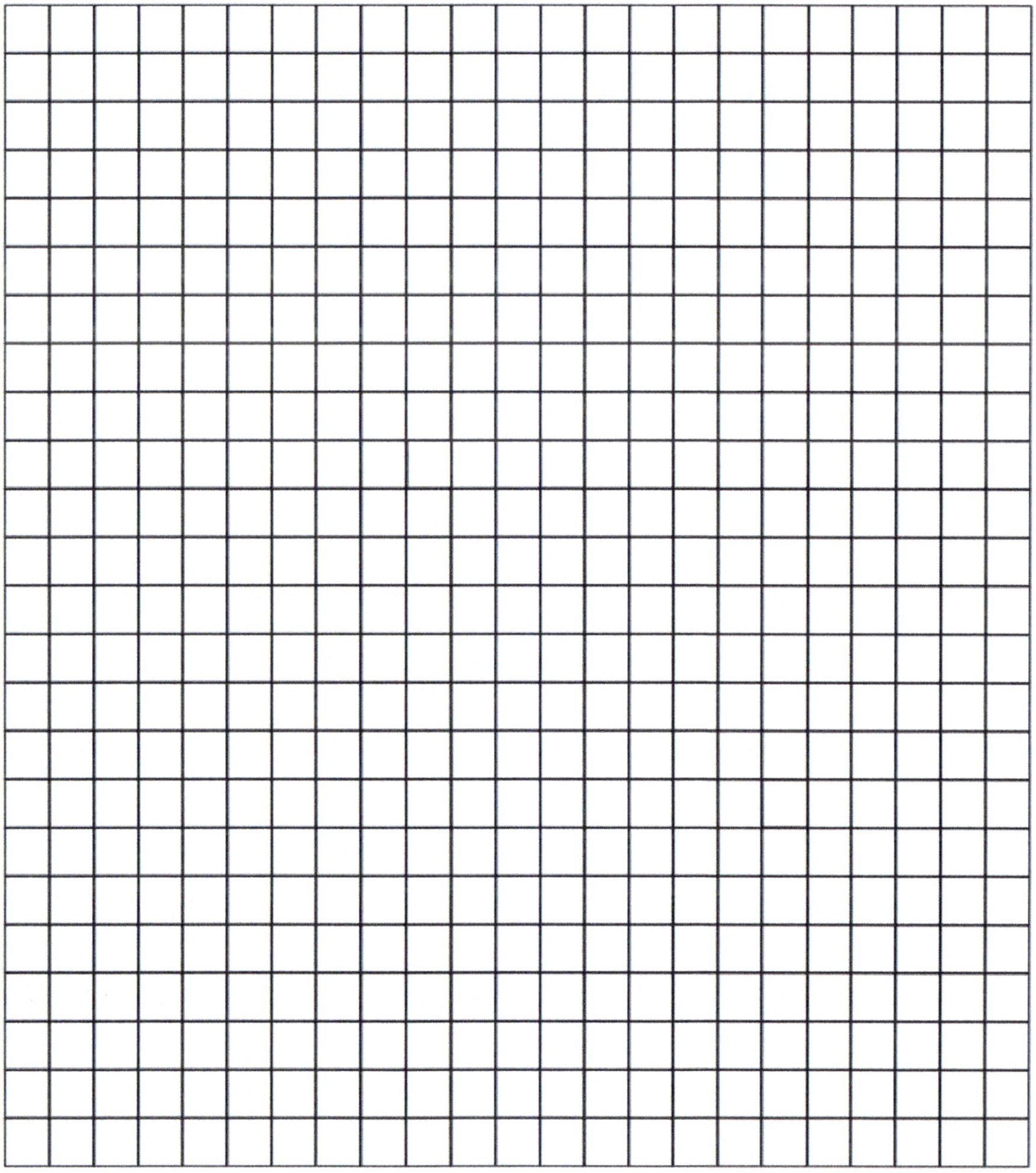

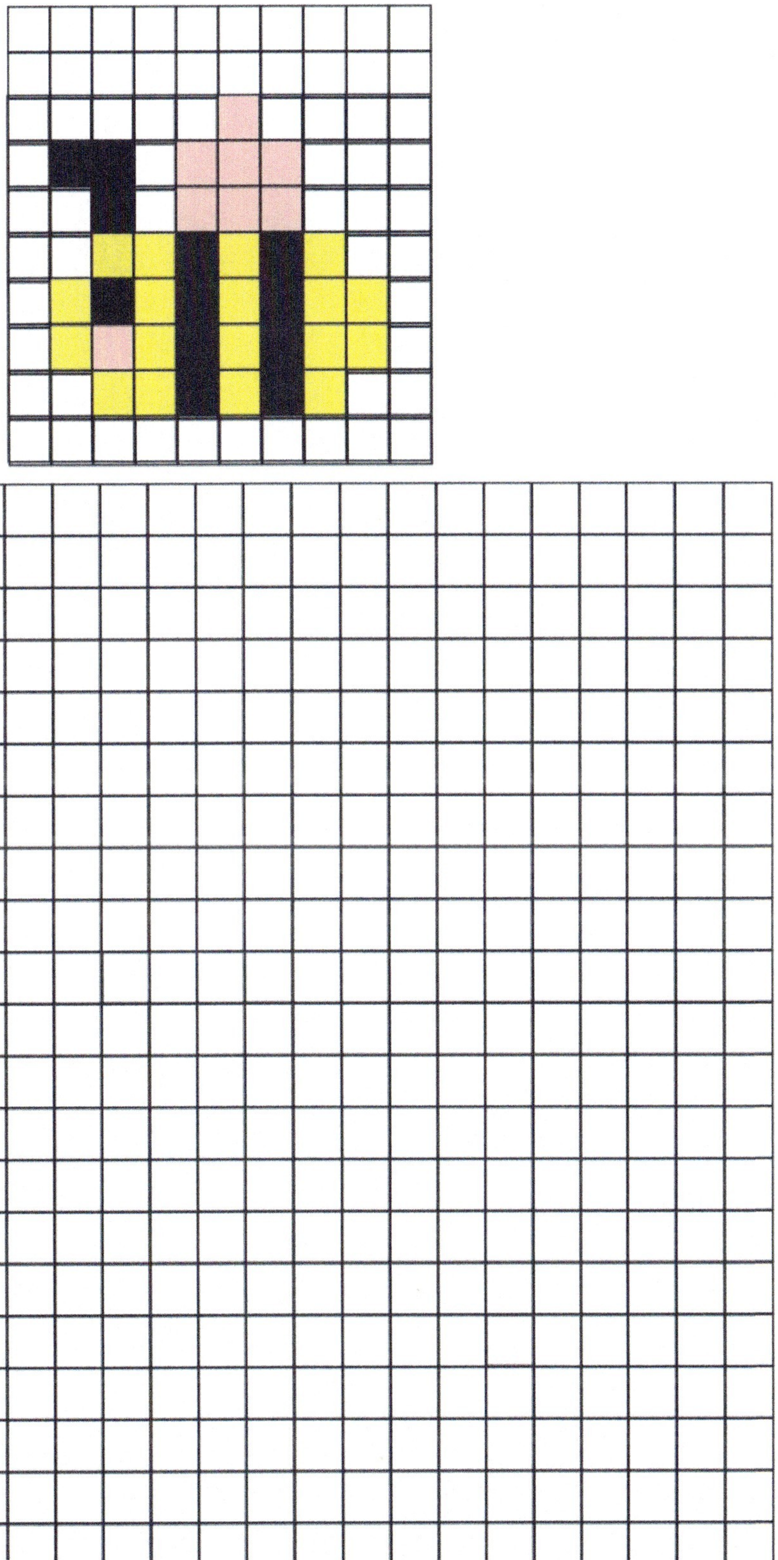

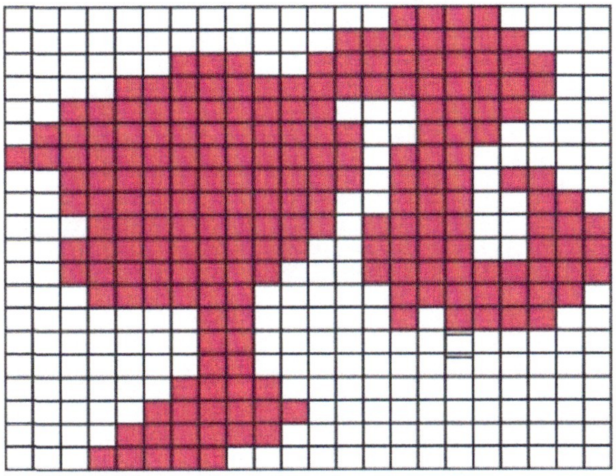

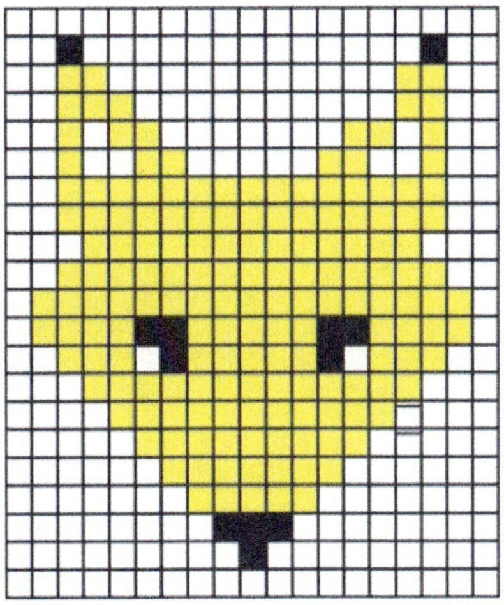

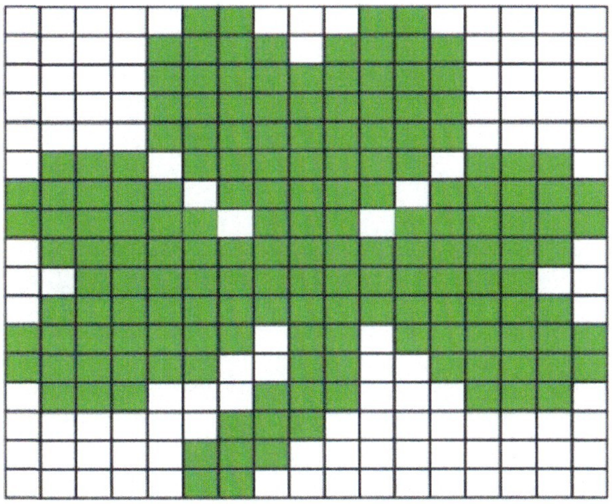

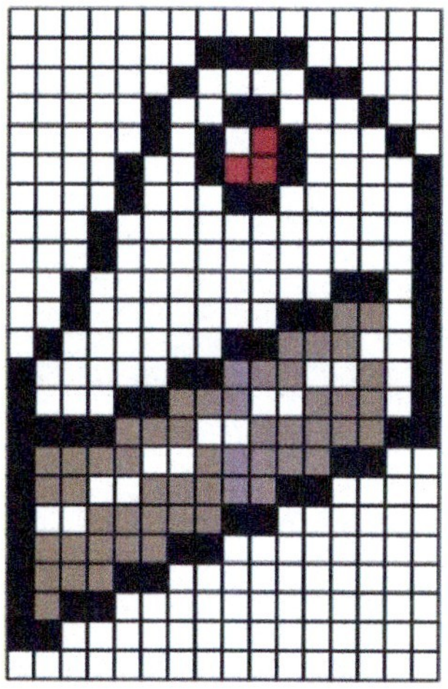

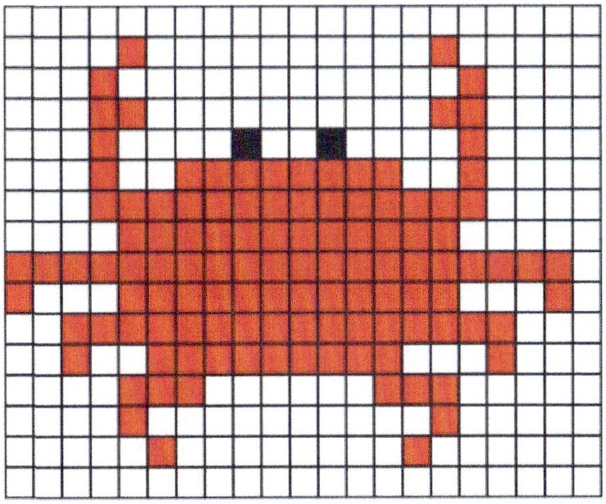

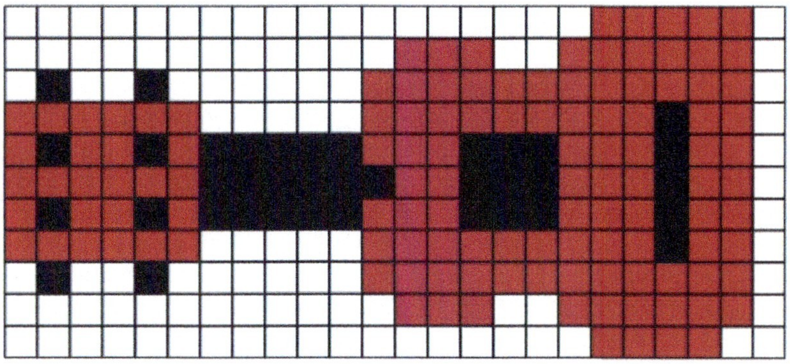

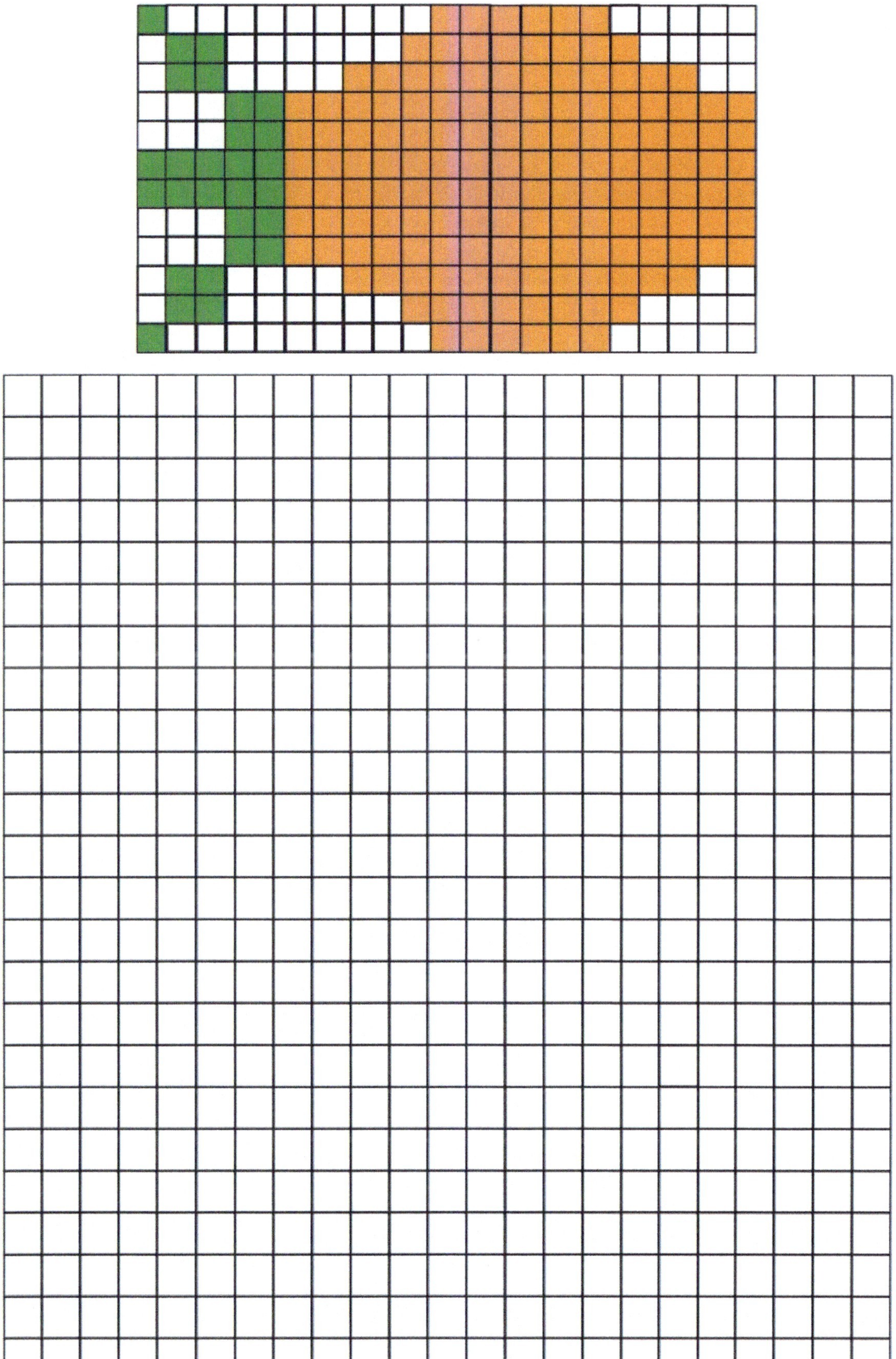

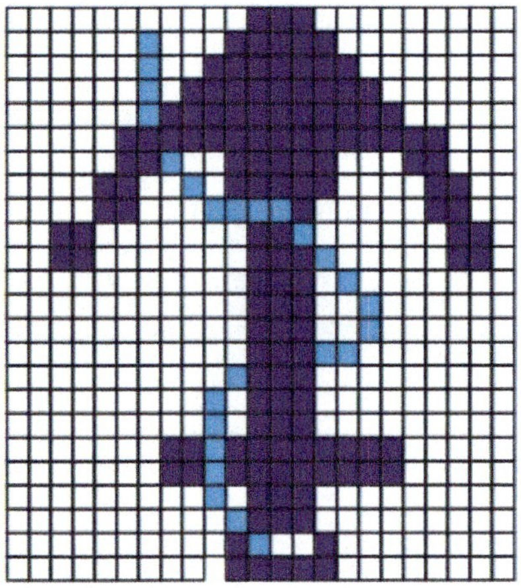

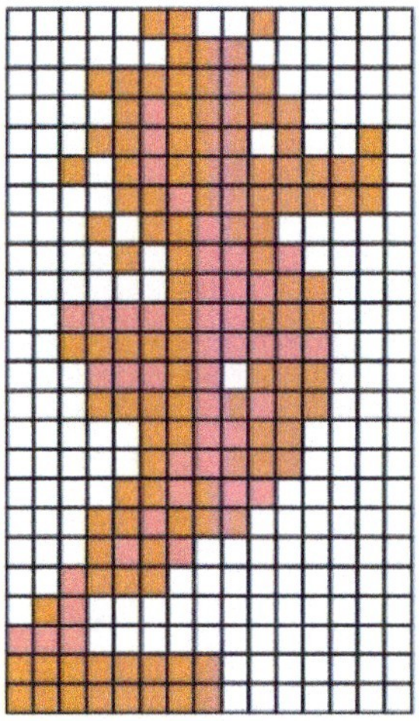

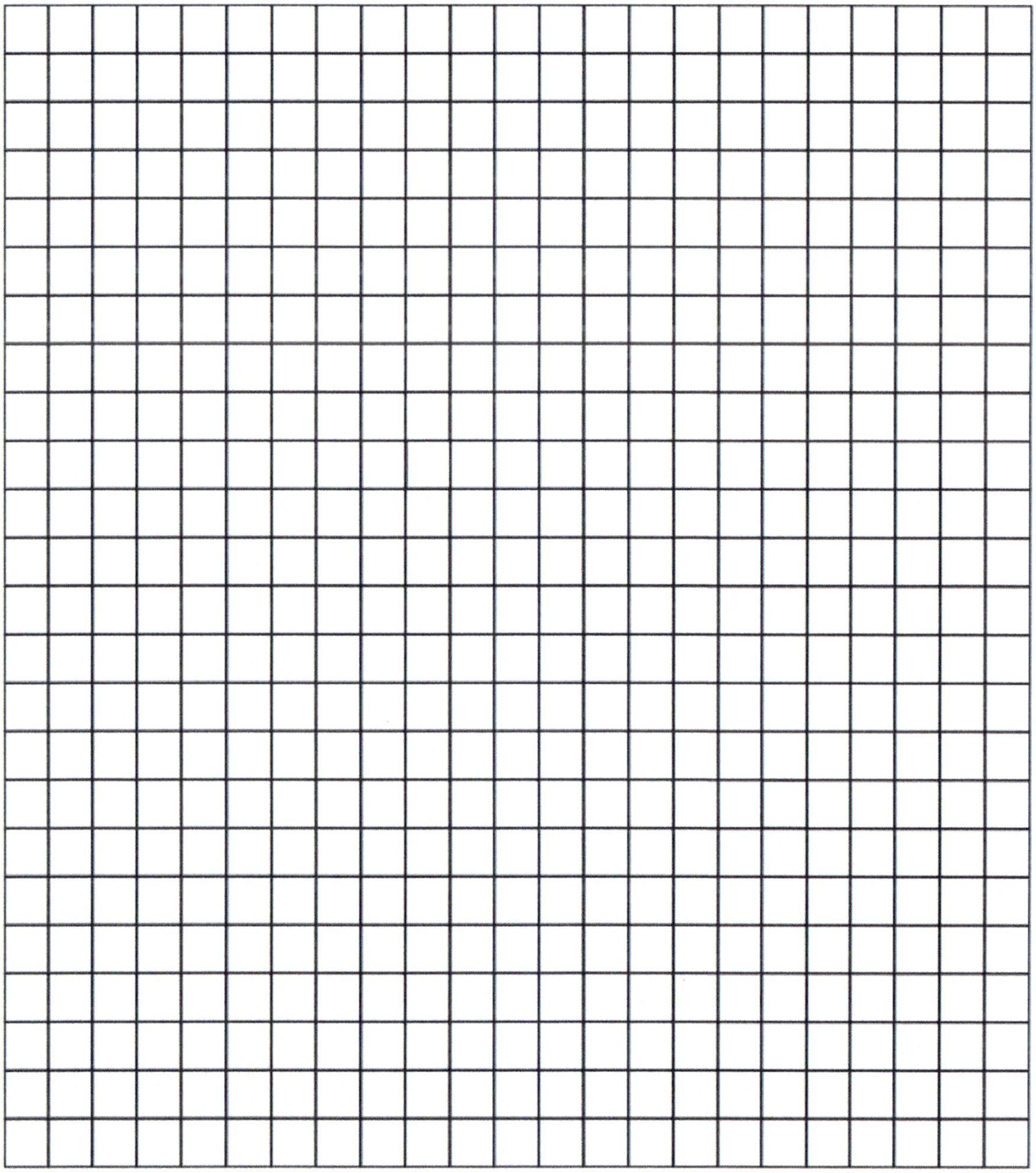

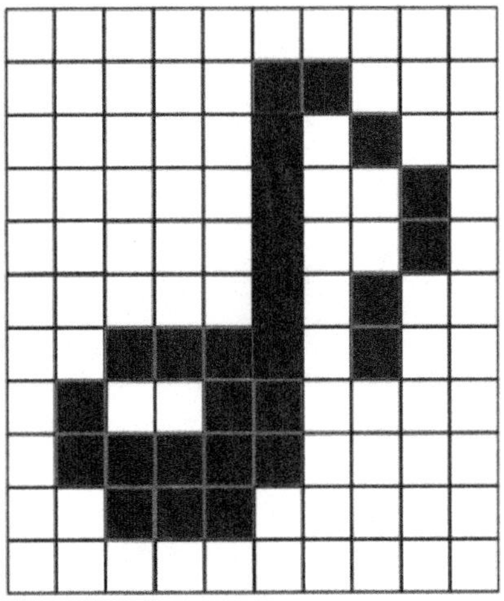

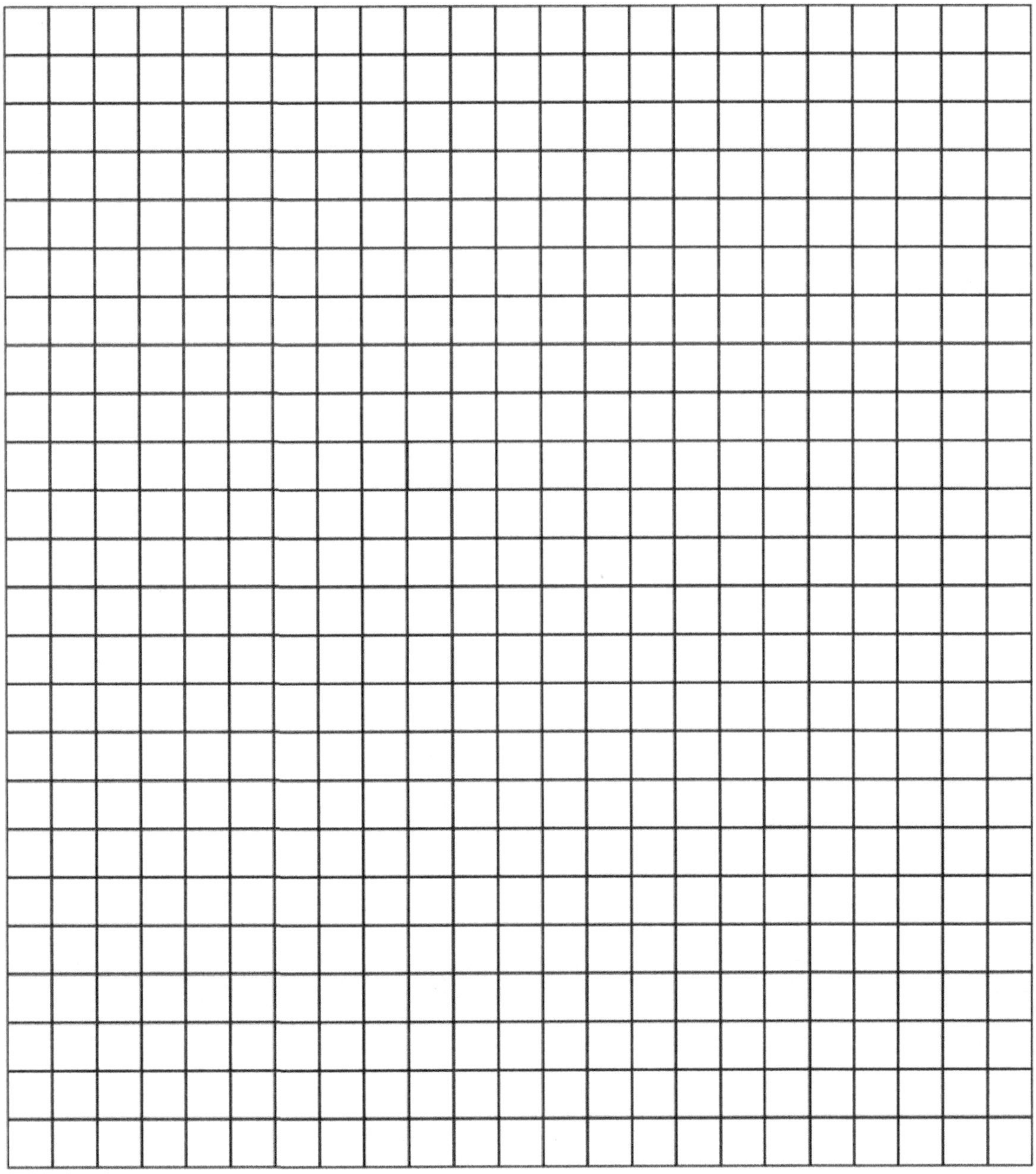

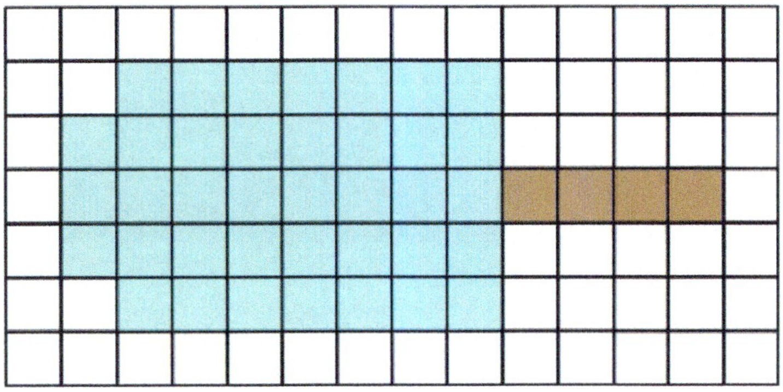

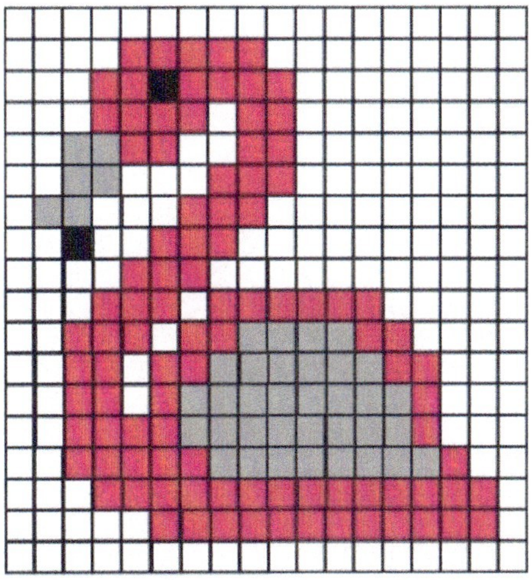

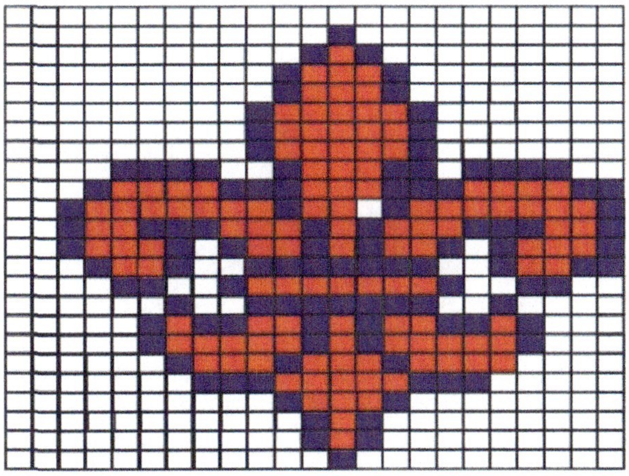

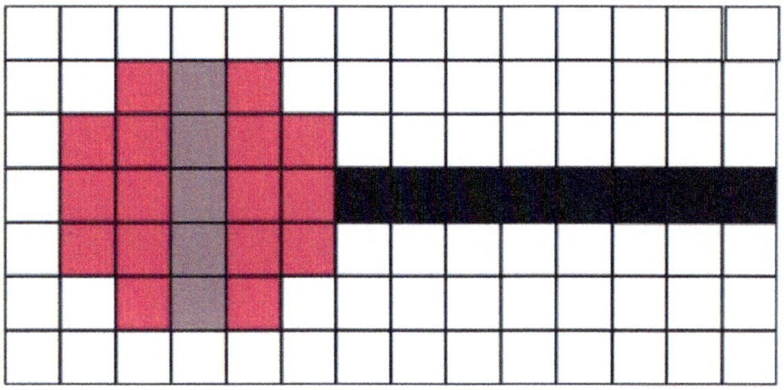

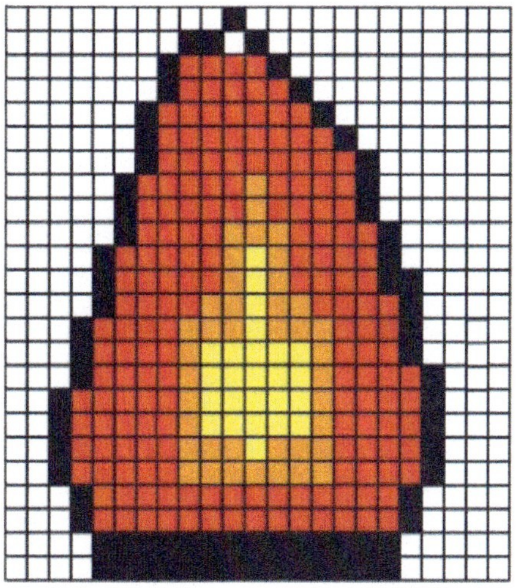

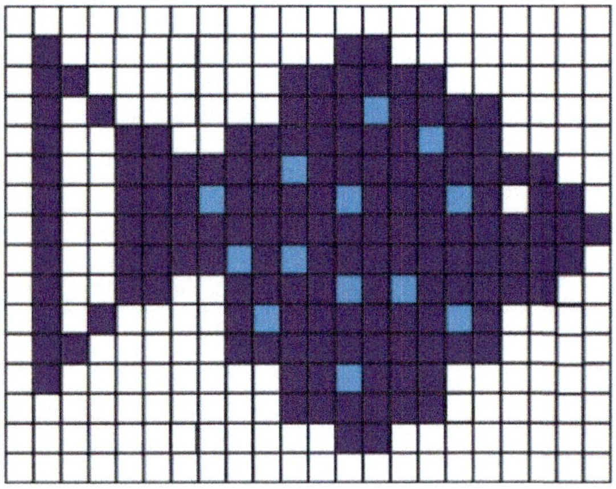

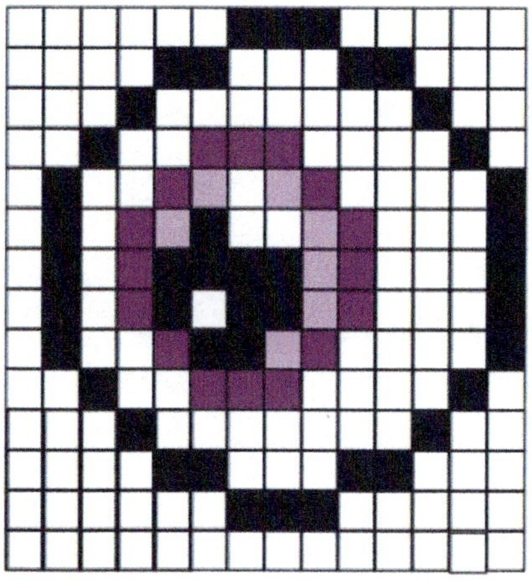

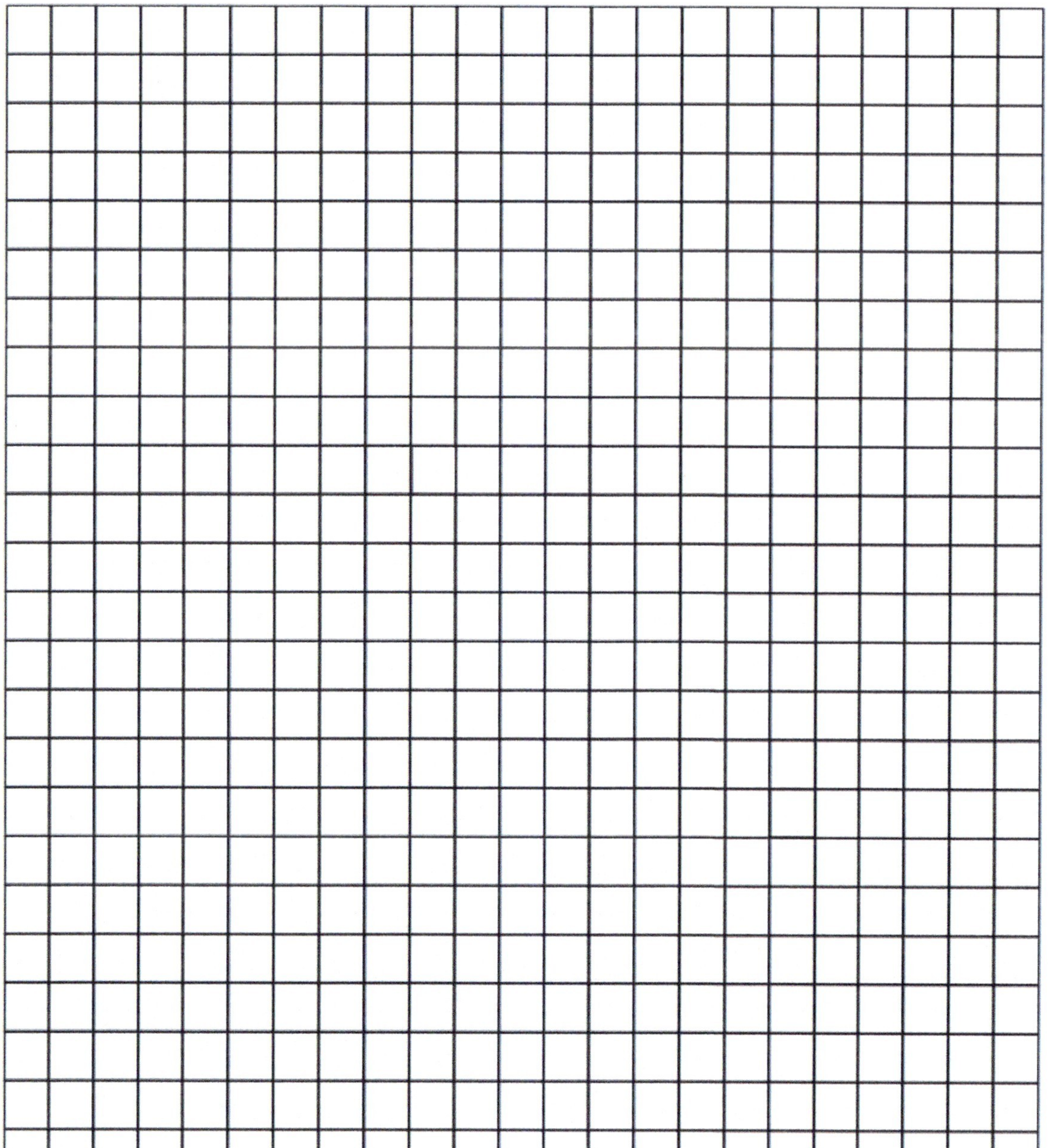

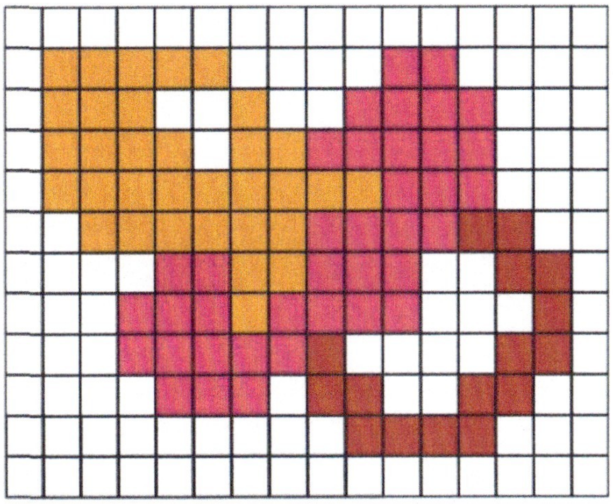

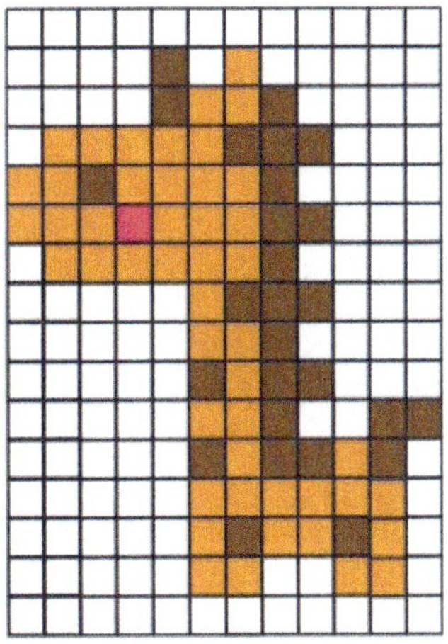

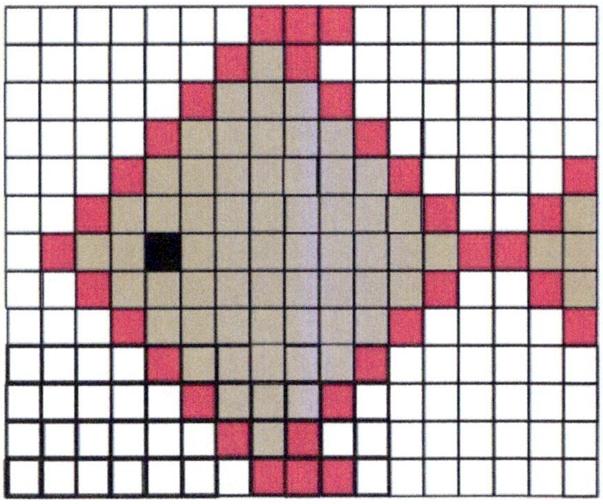

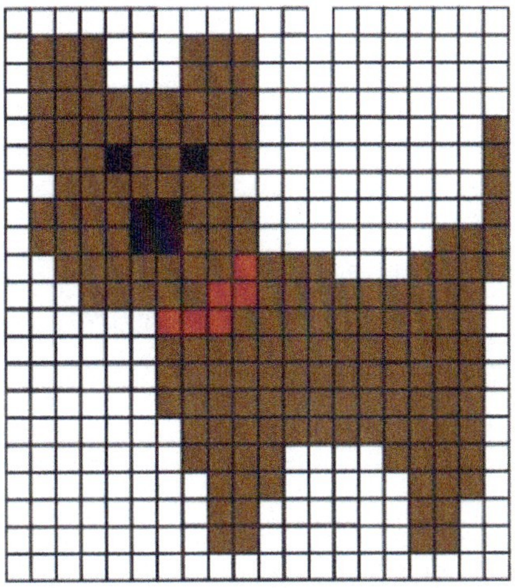

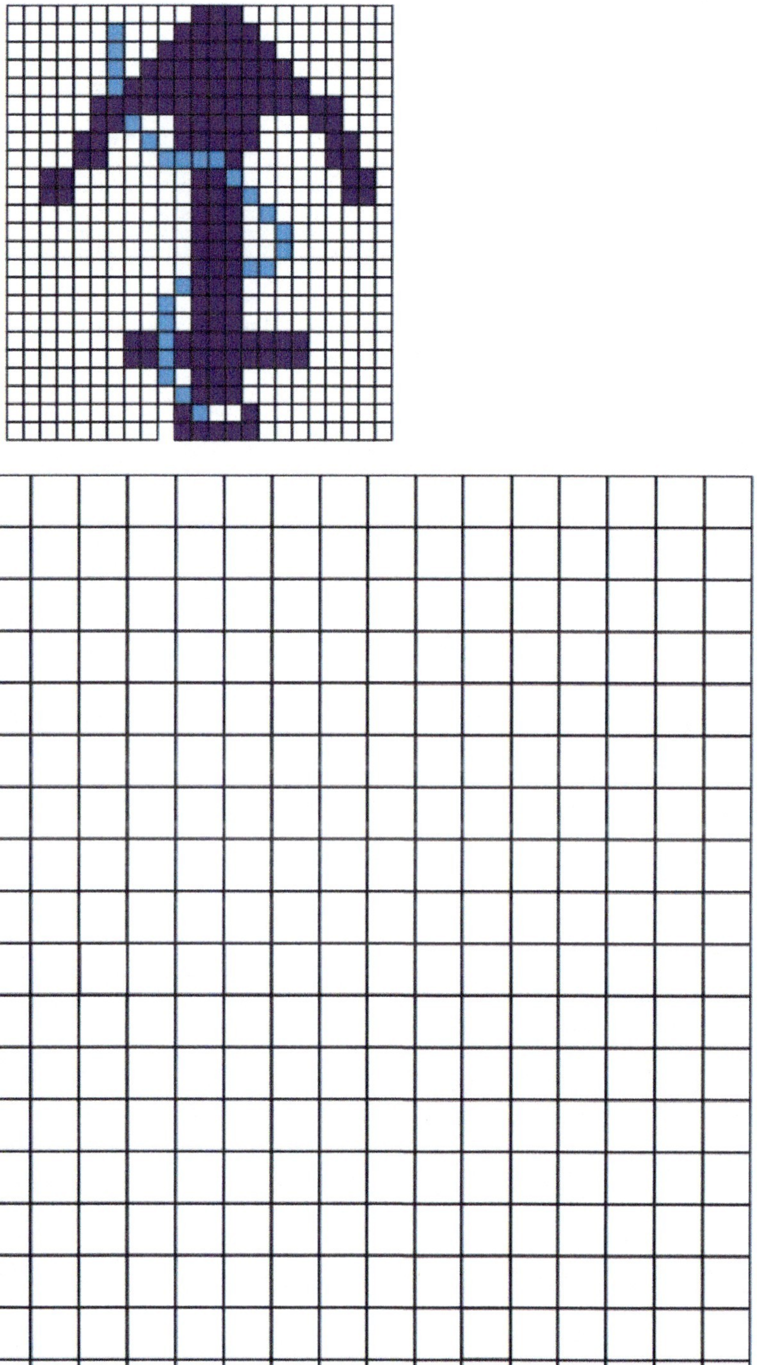

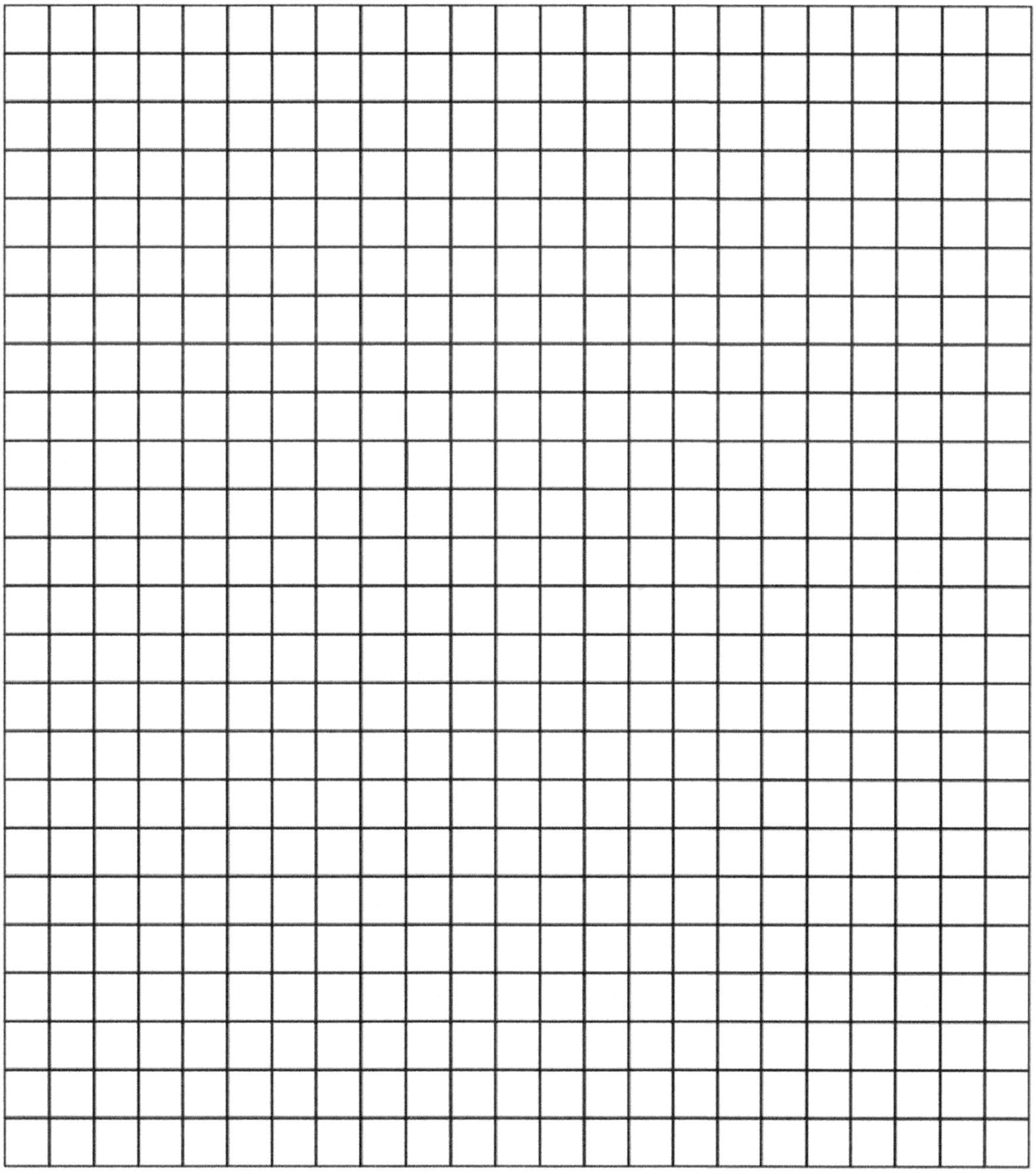

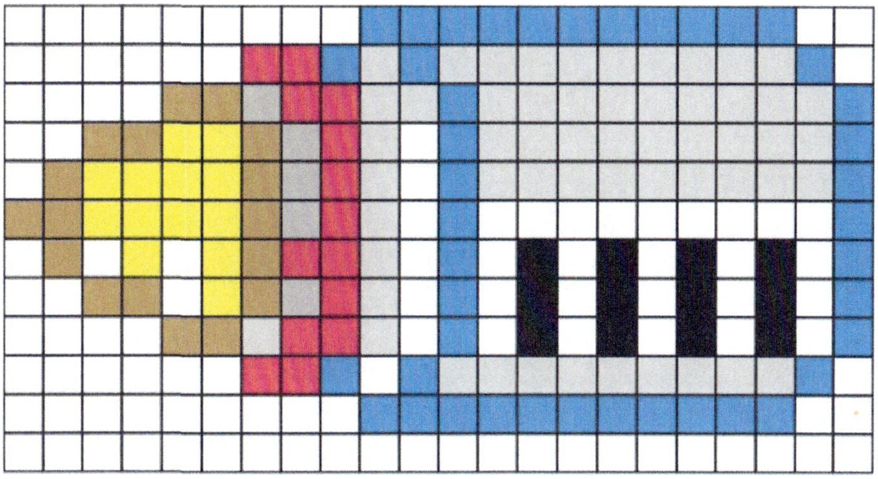

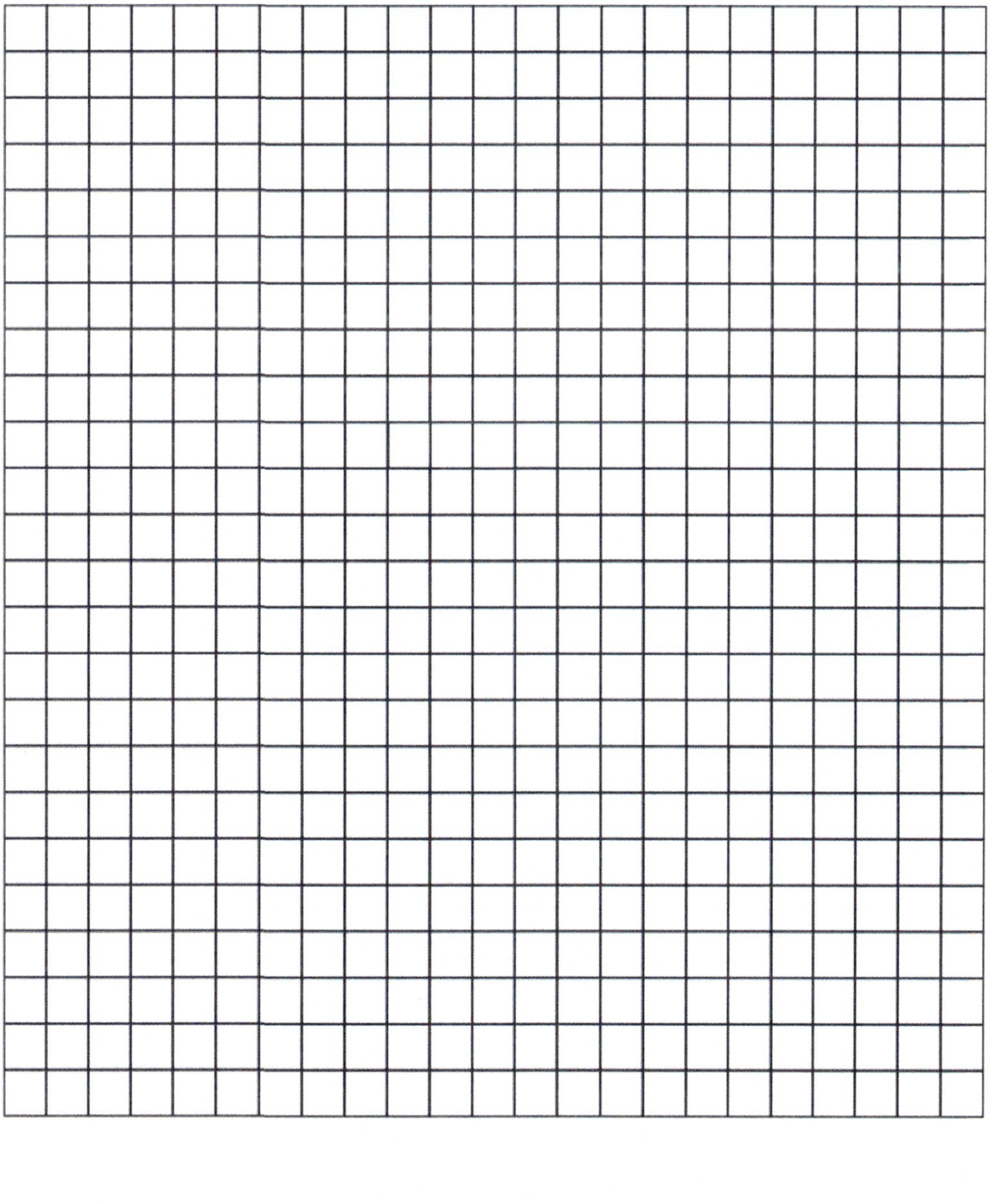

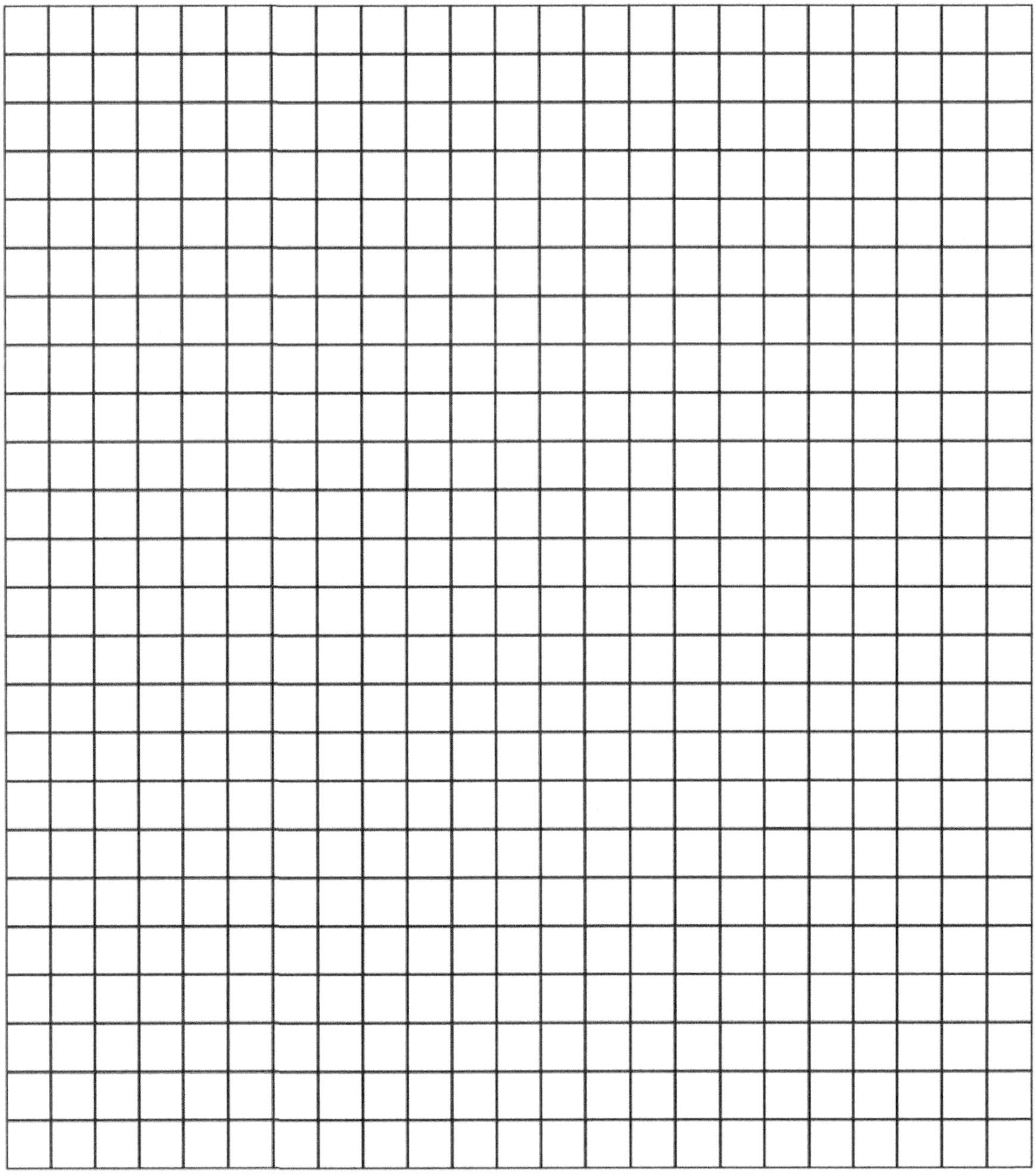

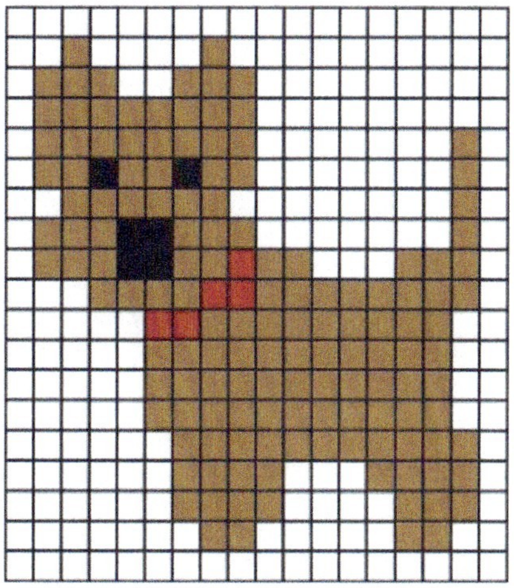

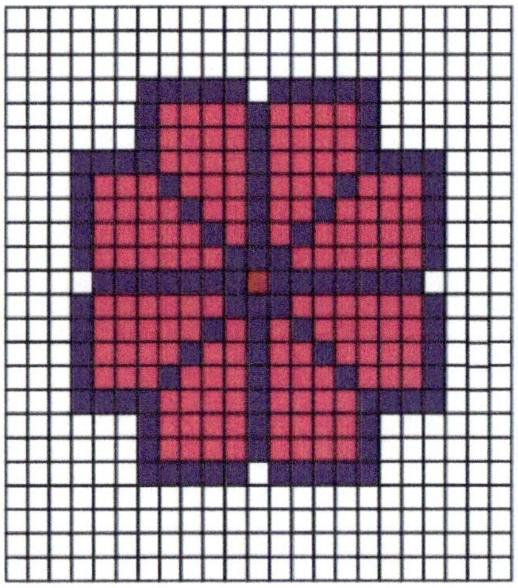

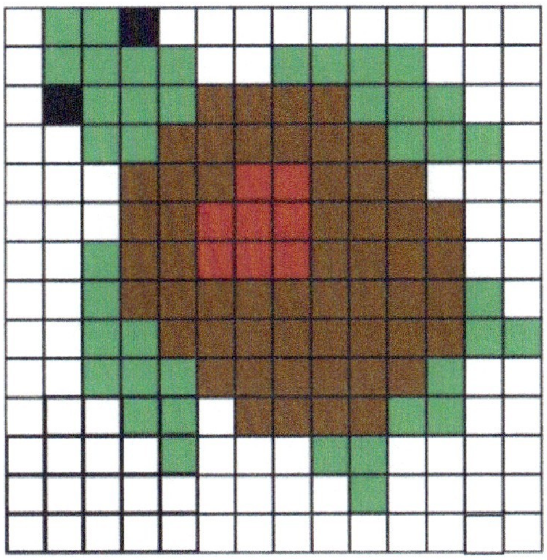

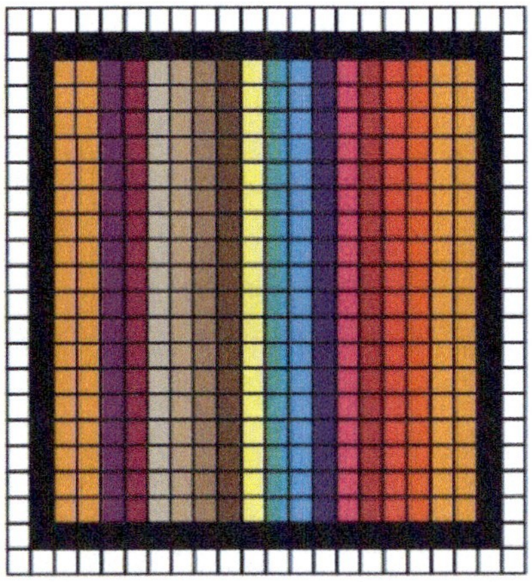

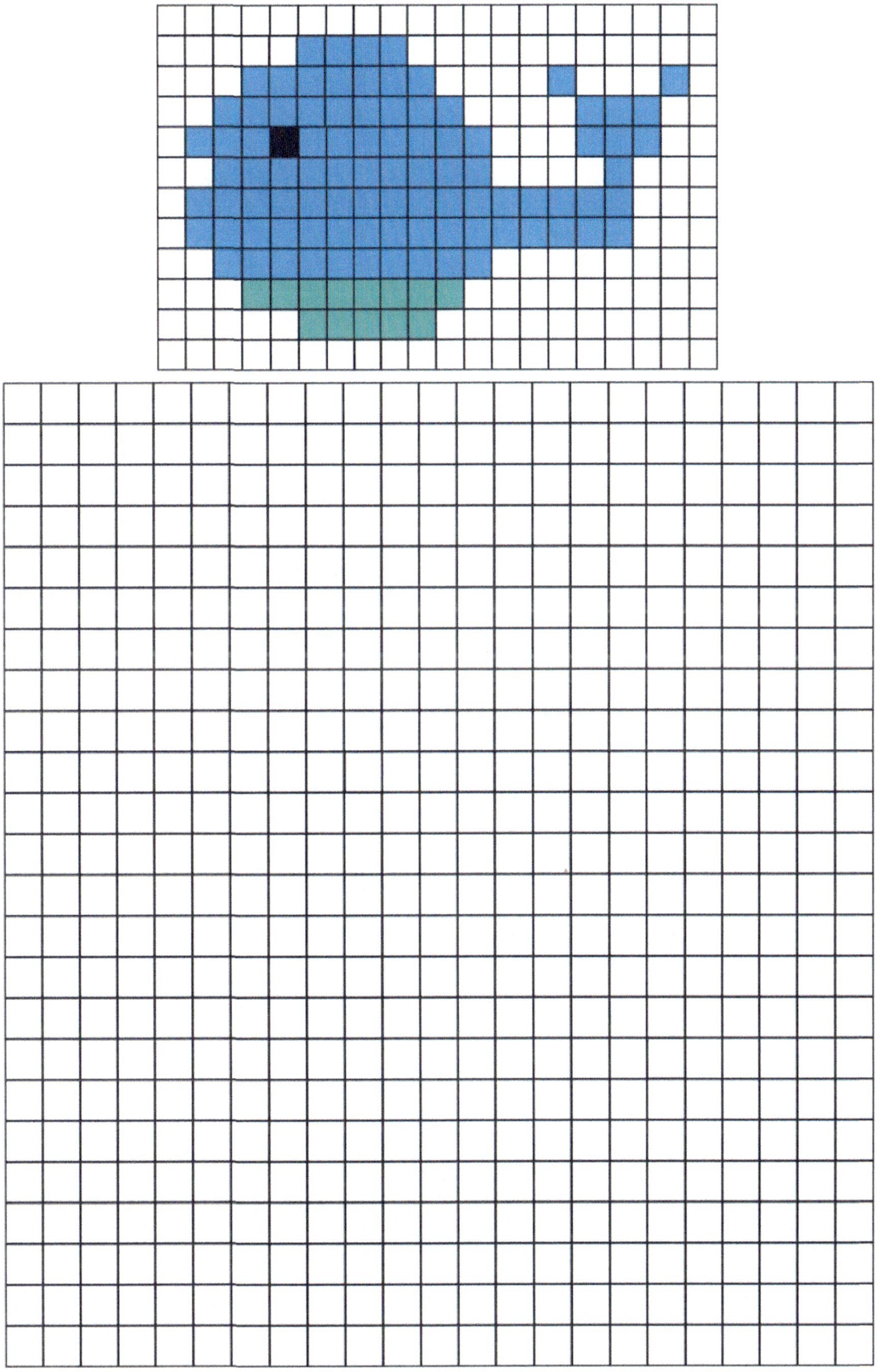

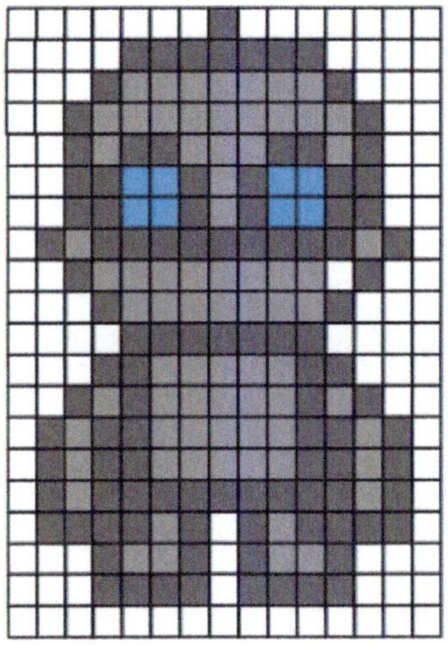

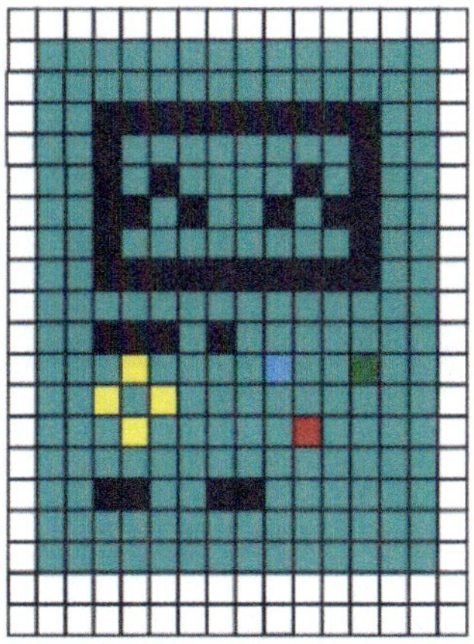

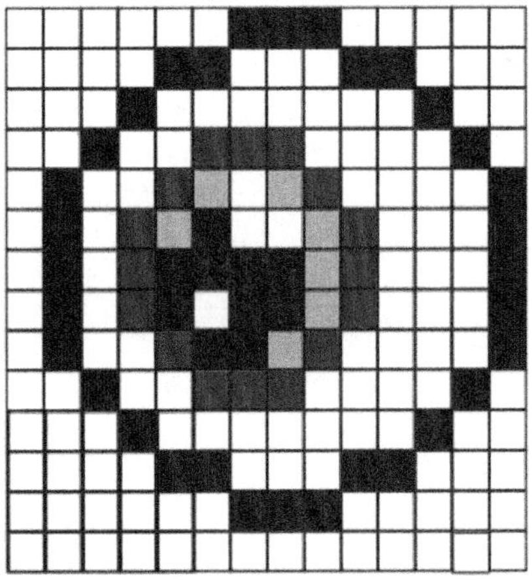

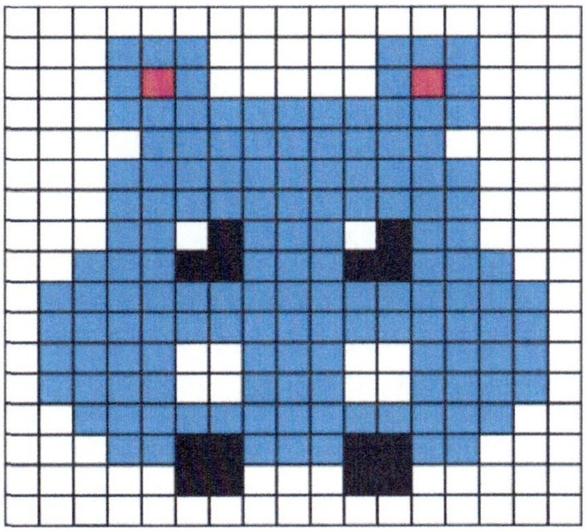

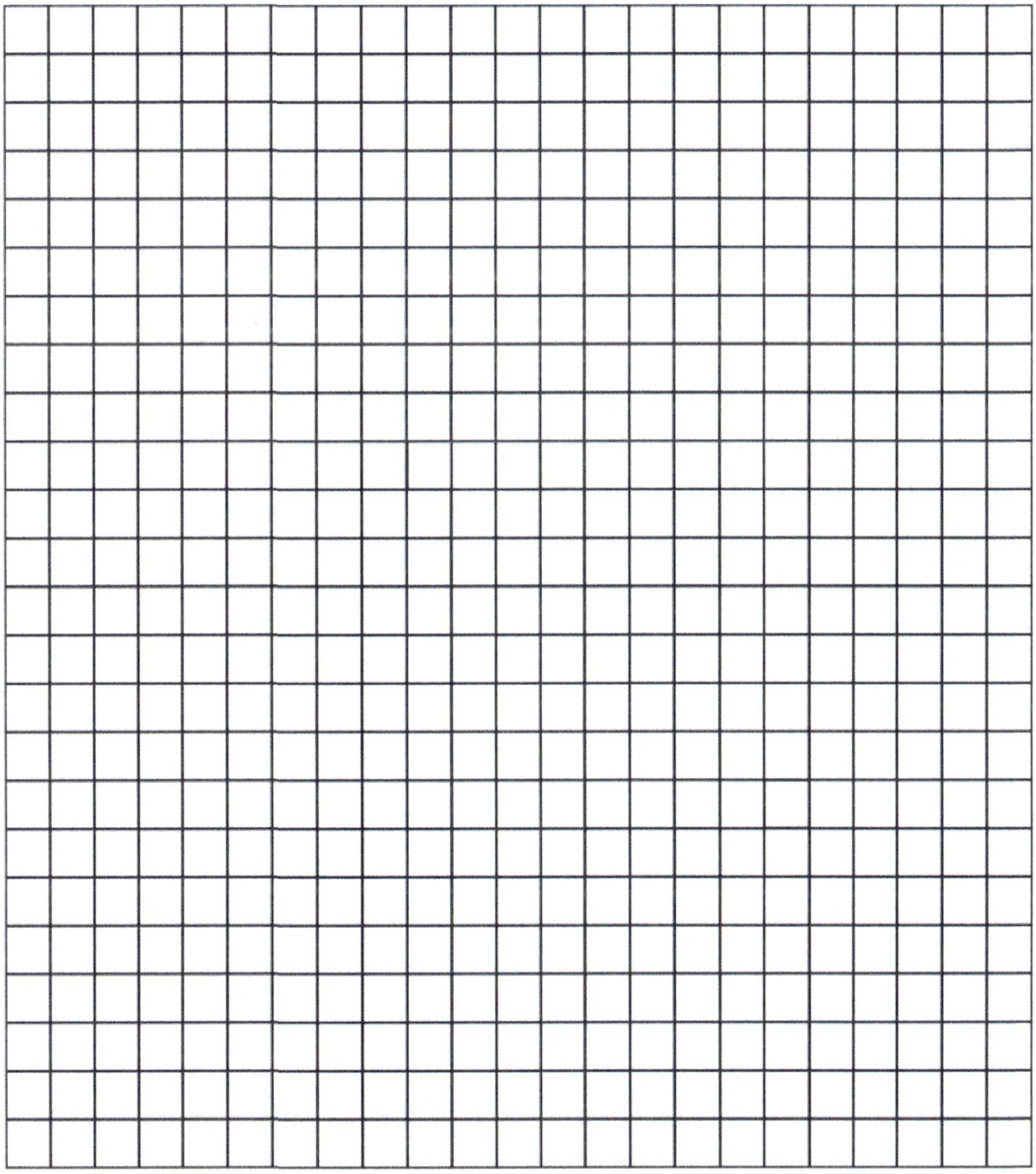

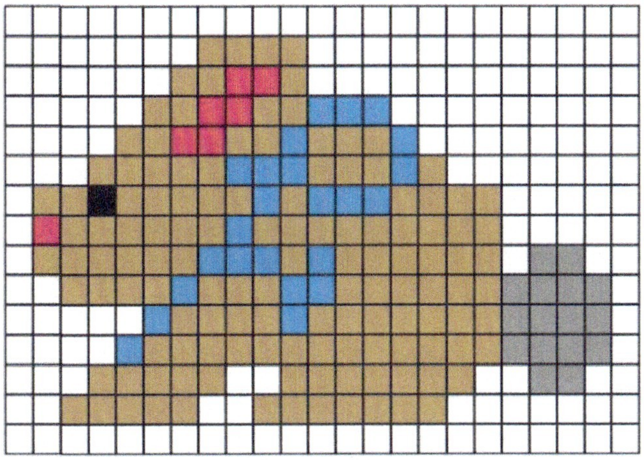

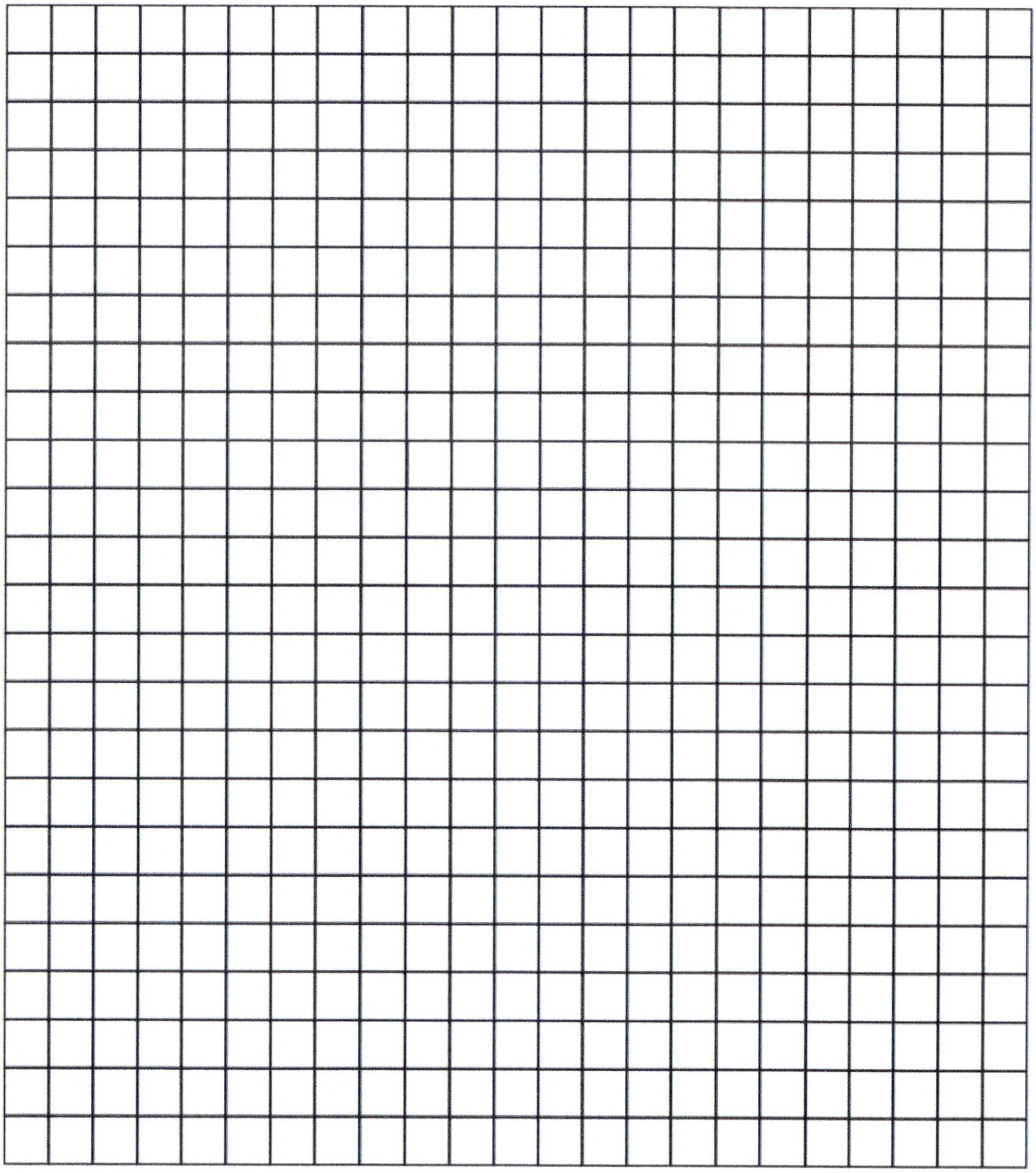

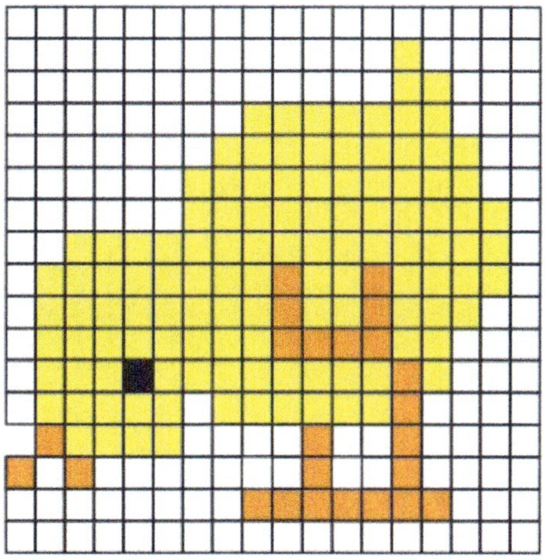

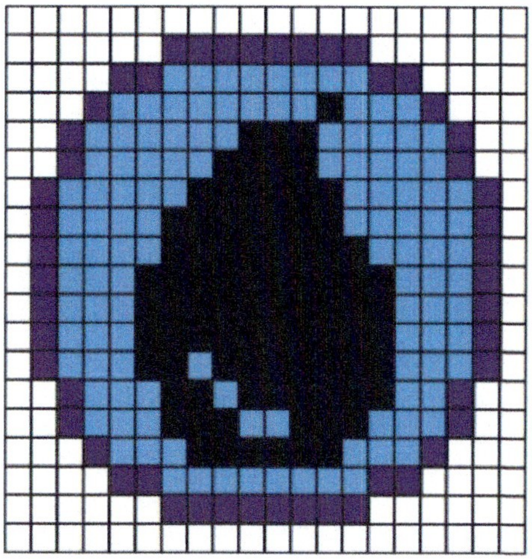

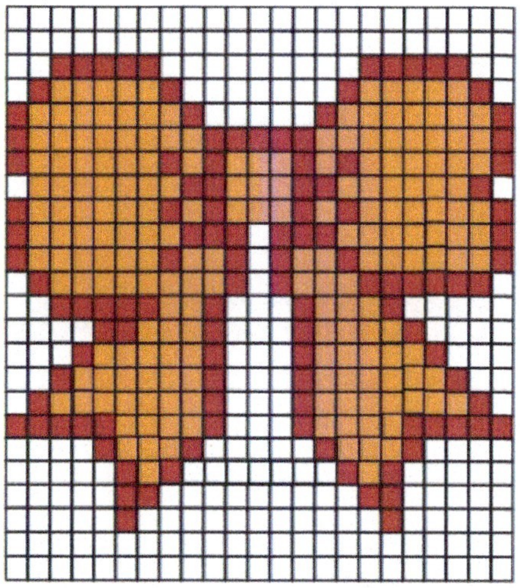

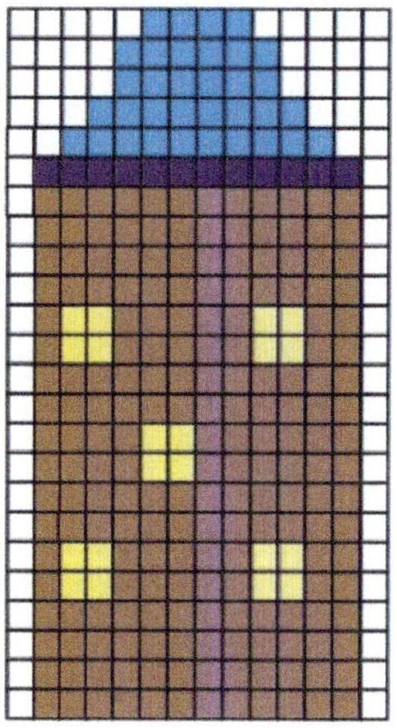

Printed by Amazon Italia Logistica S.r.l.
Torrazza Piemonte (TO), Italy

52106155R00114